ÉPITRE

SUR

L'AMOUR DE L'ÉTUDE.

cf. Moland, t. XXIII,
    p. 16

EPITRE

SUR

L'AMOUR DE L'ÉTUDE,

A Madame la Marquise Du Chastelet,

Par un Elève de Voltaire,

AVEC DES NOTES DU MAITRE.

par Helvetius

A PARIS,

CHEZ J. B. SAJOU, IMPRIMEUR,

Rue de la Harpe, n.° 11.

1815.

AVERTISSEMENT.

La poésie de cette Epître n'est pas très-remarquable ; mais les Notes qui y sont jointes, toutes écrites de la main même de Voltaire, rendent ce morceau précieux (1). On y remarque son esprit, sa touche, sa vivacité, l'impatience que lui cause le mauvais goût, et c'est un véritable modèle de leçon pour un critique. Tout n'est pourtant pas à dédaigner dans cette petite pièce, et Voltaire y a trouvé des pensées spirituelles, des vers bien tournés. on en ignore l'auteur; elle doit avoir été composée dans le temps où la liaison de Voltaire avec Madame Du Chastelet étoit très-intime, avant 1750. Cet auteur devoit être fort jeune;

(1) Ceux qui pourroient douter de son authenticité, peuvent consulter le Magasin Encyclopédique.

mais Voltaire en avoit conçu des espérances, puisqu'il lui dit qu'il veut le préserver de ses défauts.

On a conservé l'orthographe que Voltaire avoit adoptée. Il est singulier de le voir ôter l'*e* au mot *beau*, doubler l'*r* dans *araignée*, et finir les mots *toi*, *ami*, *ennui*, etc., par un *y*.

EPITRE

SUR L'AMOUR DE L'ÉTUDE.

Oui, de nos passions toute (1) l'activité
Est moins à redouter, que n'est (2) l'oisiveté;
Son calme (3) est plus affreux que ne sont leurs tempêtes;
Gardons-nous à son joug (4) de soumettre nos têtes.
Fuyons surtout (5) l'ennui, dont la sombre langueur
Est plus (6) insupportable encor que la douleur.
Toi qui détruit (7) l'esprit, en amortit (8) la flamme:
Toi la honte à la fois (9), et la rouille de l'ame :

(1) *Toute*, mot qui affaiblit le sens, mot oiseux.

(2) *Que n'est*, allongement qui énerve la pensée Pensée d'ailleurs trop commune et qui a besoin d'être relevée par l'expression. De plus *que n'est*, est trop près de *que ne sont*, banissez-les tous deux.

(3, 4) Son *calme*, son *joug*. Deux figures incompatibles l'une avec l'autre. Grand défaut dans l'art d'écrire.

(5) Fuyons *surtout l'ennuy*. Surtout, mot inutile, idée non moins inutile. Car qui ne veut fuir l'ennuy?

(6) *Plus insuportable*, trop voisin de *moins à redouter*. Ces plus et ces moins trop souvent répétés, tuent la poésie.

(7, 8) Toy qui *détruit l'esprit* en amortit la flamme.
Il faut qui *détruis*. Ce toy qui gouverne la seconde personne. De plus il est superflu de parler de sa flamme amortie quand il est détruit.

(9) La *honte à la fois et la rouille*. Ces deux vices de l'ame ne sont point contraires l'un à l'autre. Ainsi à la fois est de

Toi qui verse (1) en son sein ton assoupissement,
Qui, pour la dévorer, suspend (2) son mouvement,
Etouffe (3) ses pensers, et la tient (4) enchaînée :
O monstre en ta fureur semblable à l'araignée (5),
Qui de ses fils gluans (6) s'efforce d'entourer
L'insecte malheureux qu'elle veut dévorer (7) !
Contre tes vains efforts mon ame est affermie,
Dans les esprits oisifs (8) porte ta léthargie,
Ou refoule (9) en ton sein ton impuissant poison ;
J'ai su de tes venins préserver ma raison.
Esprit (10) vaste et fécond, lumière vive et pure,

trop. On diroit bien que l'ambition est à la fois la gloire et le malheur de l'ame, ces oppositions sont belles. Mais entre rouille et honte, il n'y a point d'opposition.

(1) Toy qui *verse en son sein* ton assoupissement.

Il faut *verses*, et non verse. Mais on ne verse point un assoupissement.

(2, 3, 4) *Suspends* et non suspend. Il ne faut point tant retourner sa pensée.

(5) On peut peindre l'arraignée, mais il ne faut pas la nommer. Rien n'est si beau que de ne pas apeler les choses par leur nom.

(6) Gluants forme une image plus désagréable que vraye.

(7) Je ne scai si l'ame oisive peut être comparée à une mouche dans une toile d'arraignée.

(8) Dans les esprits *oisifs* porte ta létargie.

L'oisiveté est déja létargie.

(9) *Refoule* en ton sein. Refoule n'est pas le mot propre. Elle peut reprendre, r'avaler, etc. son poison. Mais ces images sont dégoûtantes.

(10) Les vers à Emilie sont baux, mais ne sont pas liés au

Qui dans l'épaisse nuit qui couvre la nature,
Prends, pour guider tes pas, le flambeau de Newton :
Qui, d'un vain préjugé dégageant ta raison,
Sait d'un sophisme adroit dissiper les prestiges ;
Aux yeux de ton génie, il n'est point de prodiges :
L'univers se dévoile à ta sagacité,
Et par toi le Français marche à la vérité.
Des lois qu'aux élémens le Tout-Puissant impose,
Achève à nos regards de découvrir la cause ;
Vole au sein de Dieu même, et connois les ressorts
Que sa main a forgés pour mouvoir tous les corps.
Ou plutôt dans sa course arrête ton génie :
Viens servir ton pays, viens, sublime Emilie,
Enseigner aux Français l'art de vivre avec eux :
Qu'ils te doivent encor le grand art d'être heureux ;
Viens, dis-leur que tu sus, dès la plus tendre enfance,
Au faste de ton rang préférer la science ;
Que tes yeux ont toujours discerné chez les Grands
De l'éclat du dehors le vide du dedans.
Dis-leur que rien ici n'est à soi que soi-même,
Que le sage dans lui trouve le bien suprême,
Et que l'étude enfin peut seule dans un cœur (1)
En l'ornant de vertus, enfanter le bonheur.

sujet. Il s'agit de travail, d'oisiveté. Il manque là un enchaînement d'idées.

Tantum series juncturaque pollet.

(1) Il faudroit que ces derniers vers fussent plus serrés, et aussi plus rapprochés du commencement du portrait d'Emilie.

Et toi, mortel divin (1), dont l'univers s'honore,
Etre que l'on admire, et qu'on ignore encore :
Au dessus des humains comme au dessous des Dieux,
Toi dont l'immensité te dérobe à nos yeux,
Esprit vaste et fécond, et dont les influences
Font germer à la fois les arts et les sciences.
Telle on voit chaque année aux rayons du printemps
La terre se parer de nouveaux ornemens,
Fouler dans les canaux (2) des arbres et des fleurs
La sève qui produit leurs fruits et leurs couleurs.
J'ai vu des ennemis acharnés à lui nuire :
Ne pouvant l'égaler, chercher à le détruire;
Des amis contre lui s'armer de ses bienfaits.
J'ai vu des envieux jaloux de ses succès,
L'attaquer sourdement, craignant de le combattre;
J'ai vu leurs vains efforts l'ébranler sans l'abattre;
Ainsi que le nageur renversé dans les flots,
Peut paroître un moment englouti sous les eaux;
Mais se rendant bientôt maître de sa surprise,
Il nage, et sort vainqueur de l'onde qu'il maîtrise.
Qui peut armer son cœur de tant de fermeté?
Et quel fut son appui dans son adversité?
L'amour seul de l'étude. Au fort de cet orage,
Ce fut lui qui sauva sa raison du naufrage,
Qui consacre son nom, qui l'arrache aux mortels,

(1) Pour Dieu, point de mortel divin, le mot d'amy vaut bien mieux, conservez la bauté des vers, et ôtez l'excès des louanges.
(2) Il manque icy deux vers.

Et qui de son vivant lui dresse des autels (1).
Regardez Scipion (2), ce bouclier de Rome,
Cet ami des vertus, lui qui fut trop grand homme
Pour n'être pas en butte à de jaloux complots;
L'étude en son exil assure son repos.
Si le chagrin parvient à l'ame de ce sage (3),
Du moins au fond du cœur il ne peut pénétrer :
L'étude est à sa porte et l'empêche d'entrer.
C'est un nom sur le sable (4), un vent souffle, et l'efface.
Plaisir (5) dans ta fortune, abri dans ta disgrace;
Conviens-en, Scipion (6), l'étude seule a pu
Achever ton bonheur qu'ébaucha ta vertu.
Malheureux courtisan (7)! ame rampante et vile,
Des foiblesses des Grands adulateur servile;

(1) Ne gâtes point ces baux vers par des autels.

(2) Scipion n'est pas amené. Il faudroit auparavant passer imperceptiblement de la carrière des sciences à celle des héros. La distance est grande; il faut un pont qui joigne les deux rivages.

(3) L'ame *de ce* sage. *Ce* fait languir, et est dur. Il manque un vers.

(4) Il manque là quelque chose.

(5) Tout cela est incohérent. *Fiat lux.*

(6) *Conviens en Scipion.* Convenez que cela est trop prosaïque, et que cela gâte ce bau vers, et très-bau

Achever ton bonheur qu'ébaucha ta vertu.

(7) Encore manque de liaison, et trop d'apostrophes coup sur coup. C'est un défaut dans lequel je tombe quelquefois, mais je ne veux pas que vous ayez mes défauts.

Pour toi ce sont (1) des Dieux, va donc les encenser.
Ose appeler vertu (2) l'art de n'oser penser.
Sais-tu ce que tu perds, sais-tu que l'esclavage
Rétrécit ton esprit, énerve ton courage.
Eh bien, ton bonheur dure autant que ta faveur;
Mais dis, quelle ressource (3) as-tu dans le malheur?
Nulle que la douleur (4): j'en sonde les blessures (5);
Tu crois la soutenir, esclave tu l'endures.
Funeste ambition (6)! C'est en vain qu'un mortel
Cherche en toi son bonheur, fait fumer ton autel;
Ses mains t'offrent l'encens (7), ton cœur est la victime;
Plus il marche aux grandeurs, et plus sa soif s'anime.
Il désiroit ce rang, il vient de l'obtenir;
De sa passion (8) nait un nouveau désir.
Un autre après (9) le suit; jamais rien ne l'arrête;

(1) Pour toy *ce sont*. Ce n'est pas suportable. Ces idées communes ne sont pas bien amenées.

(2) Bau vers qu'il faut mieux préparer.

(3, 4) La douleur n'est point une ressource. Encore une fois, il faut que ces lieux comuns soient plus pressez, touchez d'une manière plus neuve.

Difficile est proprie communia dicere.

(5) Esclave ne va point avec blessure, *sonder* jure avec *soutenir*, et tout cela fait un tablau peu dessiné.

(6) Encore un apostrophe.

(7) Encore du lieu comun.

(8) Il manque une sillabe. Mais il y a là trop de vers.

(9) Un autre *après le suit*. Sans doute quand on suit on est *après*. Mettez plus de force et de précision, élaguez baucoup.

Sa vaste ambition (1) est un pin dont la tête
S'élève (2) d'autant plus, qu'il semble en approcher.
Vas le bonheur n'est pas où tu vas le chercher.
Malheureux en effet (3), heureux en apparence,
Tu n'as d'autre bonheur que ta vaine espérance.
Que tes vœux soient remplis: la crainte aux yeux ouverts
Te présente aussitôt le miroir des revers.
Aux traits de tes rivaux tu demeures (4) en butte :
Ton élévation te fait craindre ta chûte;
Chargé de la grandeur, tu te plains de son poids,
Et tu souffres déja les maux que tu prévois (5).
Politiques profonds, allez ourdir vos trames :
Enfantez des projets; lisez au fond des ames :
Domptez vos passions (6), et maîtrisez vos vœux;
Au milieu des tourmens (7), criez je suis heureux (8);
Et de tous vos chagrins déguisant l'amertume,
Redoublez la douleur, dont le feu vous consume.

(1) Ces dési... .i *se suivent* jurent avec ce pin. L'ambition est *un pin* est une expression mauvaise.
(2) La tête d'un pin ne s'élève pas d'autant plus qu'on en approche; passe pour une montagne escarpée.
(3) Lieux comuns encore, gardez vous en.
(4) *Tu demeures*, terme trop faible qui fait languir le vers.
(5) Cela a été trop souvent dit.
(6) Do... *tez vos passions*, n'est pas fait pour les politiques rongez de la passion de l'envie, de l'ambition, de l'avarice, de l'intrigue, etc.
(7) Au milieu des *tourments*. Quels tourments? Vous n'en avez pas parlé.
(8) Jamais politique n'a crié je suis heureux.

Voyez cette montagne (1), où paissent les troupeaux,
Où la vigne avec pompe étale ses rameaux ;
La source qui jaillit y roule l'abondance (2).
Tout d'un calme profond présente l'apparence :
Ses coteaux sont fleuris, sa tête est dans les airs,
Et son superbe pied sert de voûte aux enfers.
C'est là qu'avec transports, les plus tendres bergères,
Conduites par l'amour, célèbrent ses mystères.
Ce bosquet fut témoin de leurs premiers soupirs,
Ce bosquet est témoin de leurs premiers plaisirs.
Flore vient y cueillir les robes (3) qu'elle étale.
C'est là qu'en doux parfums la volupté s'exhale,
Et c'est là qu'on n'entend d'autres gémissemens,
Que les soupirs poussés par les heureux amans.
Autels de leurs plaisirs, théâtre de l'ivresse,
Où les jeux de l'amour consacrent leur foiblesse.
Tel paroît au dehors ce mont audacieux (4)
Qui roule le tonnerre en ses flancs caverneux.
Un phosphore pétri de soufre et de bitume
Par le souffle des vents avec fureur s'allume :

(1) Encore des apostrophes, encore ce manque de jointure, encore du lieu commun.

(2) Qu'a de comun l'abondance d'une prairie avec ces politiques ? Gare l'églogue dans tout ce qui suit, *non erat his locus,* 4 vers suffiront, mais il faut qu'ils disent baucoup en peu, et il faut surtout des jointures.

(3) Flore ne cueille point des robes. Cela est trop fort.

(4) Déclamation sans but. C'est le plus grand des défauts.

Ce feu d'autant plus vif, qu'il est plus comprimé,
Dévore la prison qui le tient enfermé.
Sois le plaisir des yeux (1), et l'ivresse de l'ame,
Doris porte la joie, où tu portes ta flame;
Vois l'amour à tes pieds, vois naître ses désirs:
Sur ton sein, sur ta bouche, il cueille ses plaisirs;
Ton orgueil est flatté du tribut de ses larmes:
Règne sur les mortels: tes titres sont tes charmes;
Embellis l'univers d'un seul de tes regards;
Un souris de Vénus fit éclore les arts (2).
Amour (3)! ô toi qui meurs le jour qui t'a vu naître (4)!
O toi qui pourrois seul déifier notre être (5)!
Etincelle ravie à la Divinité:
Image de l'excès de sa félicité:
Le plus bel attribut de l'essence suprême;
Amour! ennivre l'homme et l'arrache (6) à lui-même.

(1) Il manque un vers.

(2) Qu'est-ce que les arts ont à faire là? Tout ce morceau est décousu. *Ægri somnia.*

(3) Comment encore un apostrophe, point d'autre figure, point d'autre transition? Le fouet.

(4, 5) Ce n'est point en mourant si vite qu'il ressemble à la Divinité; contradiction intolérable dans de très-baux vers mal amenez.

(6) Ce mot *arracher* ne signifie point transporter hors de soy-même, il donne l'idée de la souffrance et non l'idée du plaisir.

Tes plaisirs sont (1) les biens les seuls à désirer,
Si les heureux transports pouvoient toujours durer;
Mais sont-ils échappés, en vain on les rappelle :
Le désir fuit, s'envole, et l'Amour sur son aile.
C'est en vain qu'un instant sa faveur nous séduit :
Le transport l'accompagne, et le vide le suit.
Doris (2), à ton amant prodigue ta tendresse :
Prolonge, si tu peux, le temps de son ivresse.
L'ennui va te saisir au sortir de ses bras;
Tu cherches le bonheur (3), et ne le connois pas.
Ce Dieu (4) que tu poursuis, recueilli dans lui-même,
Ne va point au dehors chercher le bien suprême;
Il commande à ses vœux; il fuit également
Et l'agitation, et l'assoupissement.
Ami des voluptés, sans en être l'esclave,
Il goûte leur faveur (5), et brise leur entrave;

(1) *Sont*. Il faut *seraient;* mais il ne faut rien dire de cela, mais éviter cette déclamation mille fois rebatue.

(2) Encore apostrophe sans transition! Est-il possible?

(3) Chercher le bonheur et ne le pas connaître, ne sont pas deux idées assez oposées. C'est parce qu'on ne le connait pas bien qu'on le cherche. On cherche tous les jours un inconnu.

(4) *Ce Dieu*. On n'a jamais dit que le bonheur fut un Dieu. Cette hardiesse, suportable dans une ode, n'est pas convenable à une épître; il faut à chaque genre son stile.

(5) Faveur n'est pas bien en opposition avec entrave; on ne dit point entrave au singulier.

Il jouit des plaisirs, et les perd sans douleurs.
Vois Daphné(1) dans nos champs se couronner de fleurs;
Elle aime à se parer d'une rose nouvelle ;
N'es'en trouve-t-il point(2). Daphné n'est pas moins belle.
D'un œil indifférent le tranquille bonheur (3)
Voit l'aveugle mortel esclave de l'erreur,
Courir au précipice, en cherchant sa demeure;
Ivre de passion (4), l'invoquer à toute heure;
Voler incessamment de désirs en désirs,
Et passer tour-à-tour des douleurs aux plaisirs;
Et tantôt il le voit constamment misérable,
Gémir sous le fardeau de l'ennui qui l'accable.
Etude (5), en tous les temps prête-moi ton secours!
Ami de la vertu, bonheur de tous les jours,
Aliment de l'esprit, trop (6) heureuse habitude,

(1) Eh bien, autre apostrophe sans liaison! Ah!

(2) *Ne s'en trouve-t-il point*. Le stile de l'épître, tout familier qu'il est, n'admet point ces tours trop comuns. On dit sans s'avilir les plus petites choses.

(3) Le bonheur est là personifié *ab abrupto*, sans aucun adoucissement. Ce sont des images incohérentes.

(4) Ivre de passion, *l'invoquer;* il semble qu'on invoque sa passion; et puis chercher sa demeure, courir au précipice, invoquer! lieux comuns mal assortis. Ces 3 pages précédentes devroient être resserrées en vingt vers bien frapez, et ensuitte on viendrait à l'Etude qui est le but de l'épître.

(5) Etude. Toujours même défaut, toujours un apostrophe qui n'est point amené.

(6) *Trop* heureuse, terme oiseux. Ce *trop* est de trop.

Venge-moi de l'amour, brise ma servitude;
Allume dans mon cœur un plus noble désir,
Et viens en mon printemps m'arracher au plaisir.
Je t'appelle, et déja ton ardeur me dévore;
Tels ces flambeaux éteints, et qui, fumant encore,
A l'approche du feu s'embrasent de nouveau.
Leur flamme se ranime, et son jour (1) est plus beau.
Conserve dans mon cœur le désir qui m'enflame:
Sois mon soutien, ma joie, et l'ame de mon ame.
Etude, par toi l'homme est libre dans les fers (2):
Par toi l'homme est heureux au milieu des revers:
Avec toi l'homme a tout (3): le reste est inutile (4),
Et sans toi ce même homme (5) est un roseau fragile (6),
Jouet des passions, victime de l'ennui :
C'est un lierre rampant, qui reste sans appui (7).

(1) On ne dit point tout cru le jour d'un flambau.
(2) Les fers n'y viennent pas. *Non erat his locus.*
(3, 4) S'il a tout, l'émistiche qui suit est inutile.
(5) *Ce même homme.* Faible et traînant.
(6) Roseau fragile, image peu liée avec *avoir tout.*
(7) Trop de comparaisons entassées. Il ne faut prendre que la fleur d'une idée, il faut fuir le stile de déclamateur. Les vers qui ne disent pas plus, et mieux, et plus vite, que ce que dirait la prose, sont de mauvais vers. Enfin, il faut venir à une conclusion qui manque à l'ouvrage, il faut un petit mot à la personne à qui il est adressé. Le milieu a besoin d'être beaucoup élagué. Le commencement doit être retouché, et il faut finir par quelques vers qui laissent des traces dans l'esprit du lecteur.

———

www.ingramcontent.com/pod-product-compliance
Lightning Source LLC
Chambersburg PA
CBHW071448060426
42450CB00009BA/2342